W0053898

WESTEND

Oskar Lafontaine

Ami, it's time to go!

Plädoyer für die Selbstbehauptung Europas

WESTEND

Mehr über unsere Autoren und Bücher:
www.westendverlag.de

Die Deutsche Nationalbibliothek verzeichnet diese Publikation in
der Deutschen Nationalbibliografie; detaillierte bibliografische Daten
sind im Internet über http://dnb.d-nb.de abrufbar.

3. Auflage 2022
ISBN: 978-3-86489-406-0
© Westend Verlag GmbH, Frankfurt/Main 2022
Umschlaggestaltung: Johannes Bröckers
Lektorat: Philipp Hadermann
Druck und Bindung: Pustet, Regensburg
Printed in Germany

Inhalt

Kein Nuklearkrieg in Europa! Wir müssen uns aus der Vormundschaft der USA befreien

Langsam, aber sicher kippt die Stimmung in der Bundesrepublik. Von Tag zu Tag sind immer weniger Leute bereit, die anhaltende Kriegshetze so ohne Weiteres mitzumachen. Sie erfahren von dem großen Leid, das in der Ukraine verursacht wird, und hören die täglichen Forderungen des CDU-Vorsitzenden Merz, der FDP-Politikerin Strack-Zimmermann oder des Grünen-Abgeordneten Hofreiter, immer mehr Waffen in die Ukraine zu liefern. Leider gibt der sozialdemokratische Bundeskanzler Olaf Scholz nach anfänglichem Zögern immer wieder klein bei und liefert. Den Vogel abgeschossen hat erneut unsere Außenministerin Annalena Baerbock, die ihre Forderung, die Ukraine mit weiteren Waffen und Leopard-Panzern auszustatten, damit begründete, dass deutsche Waffen Leben retten würden. Da fehlen einem die Worte.

Die Älteren erinnern sich noch daran, dass Hitlers Überfall auf die Sowjetunion 27 Millionen Menschen das Leben gekostet hat, darunter viele Millionen Russen und

Ukrainer. Am 27. Januar 2014 hatte der 95-jährige Überlebende der Belagerung Leningrads, Daniil Granin, die Abgeordneten des Deutschen Bundestages an die Inschrift eines russischen Soldaten an den Wänden des Reichstages erinnert: »Deutschland, wir sind zu dir gekommen, damit du nicht mehr zu uns kommst.«[1] Und jetzt sollen wir wieder Waffen liefern, damit das Morden in der Ukraine endlos weitergeht, mit deutschen Waffen Russen getötet werden und die Ukraine den Krieg gegen Russland gewinnt?

Die Belesenen glauben ohnehin nicht an die Alleinschuld Russlands. Sie erinnern sich an das Gorbatschow gegebene Versprechen, die NATO nicht nach Osten auszuweiten. Sie wissen, dass die USA 2014 einen Putsch auf dem Maidan organisiert und finanziert haben, um eine Marionettenregierung einzusetzen, die die endgültige Aufnahme der Ukraine in die NATO vorantreiben würde. Zu verlockend war für die Hardliner in Washington die Vorstellung, nach den Raketenbasen in Polen und Rumänien jetzt auch Raketen an der ukrainisch-russischen Grenze aufstellen zu können. Unvergessen ist in diesem Zusammenhang das schamlose Märchen der USA, die Raketen in den osteuropäischen Staaten würden stationiert, um iranische Raketen abzufangen. Und selbstverständlich druckte die westliche Propagandapresse diese dämlichen Erklärungen ab, ohne sie infrage zu stellen, geschweige denn zu kritisieren. Das Pentagon kann jede Lüge verbreiten – die westlichen Medien werden sie schlucken. Raketen ohne Vorwarnzeiten sind so etwas wie das Messer am Hals des jeweiligen Gegners. Sie sind die glaubwürdige Drohung, mit einem Schlag die politische Führung und die militärischen Kommandozentralen des Gegners auszuschalten. »Nicht wer zuerst zu den Waffen greift, ist Anstifter des Unheils, sondern wer dazu nötigt«, schrieb schon vor 500 Jahren der Florentiner Nicolo Machiavelli.

Die von Willy Brandt geprägte Entspannungspolitik, die uns jahrzehntelang Frieden und Sicherheit gebracht hat, wurde Zug um Zug aufgegeben.[2] Die Ampel-Regierung unterstützt seit ihrem Regierungsantritt vorbehaltlos die aggressive Politik der USA. Ein Sanktionspaket nach dem anderen wurde beschlossen, um Putin zu bestrafen. Der mit Sanktionen geführte Wirtschaftskrieg gegen Russland begann spätestens 2017, lange vor dem Einmarsch der russischen Armee in die Ukraine. Senat und Kongress in Washington beschlossen ein Gesetz, das zum Ziel hatte, den russischen Einfluss in Europa und Eurasien zurückzudrängen. 2018 nahmen die USA Nordstream 2 in den Fokus.[3] Gesetzlich wurde festgelegt, dass die Sanktionsbeschlüsse der USA in Zukunft internationales Recht seien und Verstöße dagegen zivilrechtlich und strafrechtlich in den USA verfolgt würden. In der Klausel 257 dieses Gesetzes wurde bestimmt, dass es das Ziel dieses Gesetzes sei, dem Export von US-Energieressourcen Vorrang vor anderen Exportströmen zu verschaffen, um in den USA neue Jobs entstehen zu lassen. Schon im Dezember 2017 hatten Demokraten und Republikaner der Schweizer Firma Allseas, die die Rohre für Nordstream 2 verlegte, mit der Vernichtung gedroht, wenn sie nicht binnen 48 Stunden die Arbeit an der Pipeline einstellen würde. Die Firma gab nach. Immerhin hatte der damalige österreichische Bundeskanzler Christian Kern den Mut, diese US-Gesetze als einen »eklatanten Verstoß gegen das Völkerrecht« zu brandmarken.[4] Ein mutiger deutscher Bundeskanzler hätte die Sprengung von Nordstream 2 jetzt eine Kriegserklärung an Deutschland genannt.

Mittlerweile merken viele Bundesbürger: Diese Sanktionen sind vor allem ein Schuss ins eigene Knie. Sicher, die russische Wirtschaft leidet und hat zunehmende Schwierigkeiten, aber hierzulande schießen die Energiepreise durch die Decke. Viele Leute können ihre Heizungskosten und die Strompreise nicht mehr bezahlen und wissen nicht, wie es weitergehen soll. Die deutsche Wirtschaft befürchtet eine Pleitewelle und fordert die Regierung auf eine Lösung zu finden. Aber – und das trauen sich die wenigsten auszusprechen: Ohne russische Rohstoffe und Energielieferungen werden wir unseren Wohlstand nicht halten können. Immer mehr Menschen werden verarmen und zahllose Betriebe werden schließen. Die Arbeitslosigkeit wird steigen. Sehenden Auges fährt die Ampel-Koalition die deutsche Wirtschaft an die Wand. Deshalb ist diese Regierung die dümmste, die wir hatten seit Bestehen der Bundesrepublik.

Ich möchte im Folgenden Wege aus dieser katastrophalen Lage aufzeigen. Dazu ist es notwendig, dass wir uns Klarheit darüber verschaffen, warum wir überhaupt in dieser Situation sind. Einen wichtigen Grund habe ich bereits genannt: Die Entspannungspolitik wurde aufgegeben und durch eine Politik der Konfrontation ersetzt. Das ist eine erstaunliche Entwicklung in einem Land, das so hervorragende Erfahrungen mit der Ostpolitik Willy Brandts gemacht hat. Ich habe in meiner Jugend Physik studiert, da gingen wir nach folgender Methode vor: Man stellt eine Theorie auf und anschließend führt man ein Experiment durch. Das Experiment wird die Theorie entweder bestätigen oder widerlegen. Die Theorie, dass der Frieden in Europa nur durch Abrüstung und Annäherung dauerhaft gewährleistet werden kann, wurde durch das »Experiment Entspannungspolitik« jahrzehntelang bestätigt, weil es in dieser Zeit keinen Krieg in Europa gab. Doch in der heutigen deutschen Politik- und Medienlandschaft scheint dies kaum noch einer zu wissen.

Die Abkehr von der Brandtschen Entspannungspolitik begann bereits vor 30 Jahren, als Michail Gorbatschow die politische Bühne verließ und die Hardliner in Washington glaubten, jetzt könne man die Früchte des Zusammenbruchs der Sowjetunion ernten. Die USA brachen all ihre Versprechungen und weiteten die NATO nach Osten aus, obwohl US-Politiker wie George Kennan diese Osterweiterung den größten Fehler der US-Außenpolitik nach dem Kriege nannten.[5] Die Osterweiterung, so der US-Diplomat, werde zu Militarismus und Nationalismus führen. Selten wurden die Folgen einer falschen Politik so präzise vorausgesagt. Wenn es in der Bundesrepublik jetzt jüngere Politikerinnen und Politiker gibt, allen voran die jetzige Außenministerin Annalena Baerbock, die meinen, die aktuelle Politik der Waffenlieferungen in die Ukraine würde zum Frieden führen, dann ist das ein unverzeihlicher Irrtum. Diese Politik der Konfrontation führt zur Zerstörung der Ukraine und zu vielen Tausenden Toten und kann in einem Dritten Weltkrieg enden. Deshalb müssen wir sie unverzüglich aufgegeben und wieder zur Entspannungspolitik zurückkehren.

Bevor man einen solchen Politikwechsel ausformulieren und dessen Realisierungschancen einschätzen kann, muss man zunächst versuchen, sich ein klares Bild von der geopolitischen Lage und den politischen Kräfteverhältnissen zu machen. Ausgangspunkt dieser Überlegungen muss die Rolle der USA sein, da sie die mit Abstand stärkste Militärmacht der Welt sind. Welche Rolle spielen die USA derzeit in der Welt?

Die Antwort darauf ist ganz einfach, aber sie wird in der Bundesrepublik Deutschland, von Politikern und Medien, ignoriert. Man redet darüber einfach nicht. Die stärkste militärische Macht handelt nach dem Motto: Ich bin die einzige Weltmacht und ich möchte die einzige Weltmacht bleiben. Daraus ergibt sich die Frage: Was tun sie, um dieses Ziel zu erreichen? Die Antwort steht in vielen US-Dokumenten, nur kommt offenbar kein deutscher Journalist auf die Idee, sie abzudrucken – von einigen Ausnahmen abgesehen. In zahlreichen US-Papieren steht nämlich unmissverständlich, dass aufkommende Rivalen kleingehalten werden sollen. So heißt es zum Beispiel in der sogenannten Wolfowitz-Doktrin von 1992: »Unser erstes Ziel ist es, das Aufkommen eines neuen Rivalen, sei es auf dem Territorium der ehemaligen Sowjetunion oder anderswo, der eine Bedrohung in dem Ausmaße darstellt, wie die Sowjetunion es war, zu verhindern.«[6] Die Rivalen, die heute gemeint sind, sind Russland, in zunehmendem Maße China und seit dem Ende des Zweiten Weltkriegs auch Europa. Allerdings waren sich die europäischen Regierungen dieser Tatsache in der Regel nicht bewusst und folgten brav den Vorgaben Washingtons – auch dann, wenn diese zum Nachteil Europas waren. Besonders betroffen war Deutschland, die wichtigste Volkswirtschaft auf dem alten Kontinent. Es war erklärtes Ziel der USA, ein Zusammengehen der deutschen Technik mit den russischen Rohstoffen zu verhindern.

Was tun die USA also, um ihre Rivalen kleinzuhalten? Sie provozieren sie ständig, schüren Konflikte und tun alles, um diese vermeintlichen Gegner und Konkurrenten zu schwächen. In diesem Sinne äußerte sich auch Lloyd Austin, der US-Kriegsminister, auf der Konferenz in Ramstein, auf der die US-Vasallen ihre Beiträge zum Krieg in der Ukraine auf den Tisch legen mussten. Ich sage bewusst nicht Verteidigungsminister, denn einen amerikanischen Verteidigungsminister gibt es nicht. Die USA werden schließlich von keinem Staat angegriffen. Um ihre Interessen durchzusetzen und ihre Vorherrschaft zu sichern, führten die USA nach dem Zweiten Weltkrieg die mörderischen Kriege in Korea, Vietnam, Laos und Kambodscha oder in jüngerer Zeit im Irak, in Jugoslawien, Afghanistan, Syrien und Libyen. Vor diesem Hintergrund überrascht es kaum, dass der US-Kriegsminister in Ramstein sagte, wir wollen Russland so sehr schwächen, dass das Land sich davon nicht mehr erholen kann und dass es keinen Krieg mehr wie in der Ukraine führen kann.[7] Gleichzeitig zündeln die USA immer weiter in Taiwan, in unmittelbarer Nähe zu China, um auch Peking herauszufordern. Sie führen gnadenlose Wirtschaftskriege, um ihre Rivalen zu schwächen.

Für all das brauchen die USA Vasallen, die ihre aggressive Außenpolitik mittragen. Zu den treuesten Vasallen gehören die Europäer, allen voran Deutschland. Deswegen haben wir die Lage, in die wir jetzt geraten sind. Die Schlussfolgerung liegt auf der Hand: Wir müssen uns aus dieser Situation befreien. Wir können nicht eine Politik unterstützen, in der ein Staat sagt: »Ich muss alle anderen Staaten kleinhalten und muss sie durch Handelskriege schwächen, muss sie in ein militärisches Wettrüsten verwickeln oder Krieg gegen sie führen.« Dieses Bestreben der USA, die einzige Weltmacht zu sein und keinen ernsthaften Rivalen aufkommen zu lassen, bestimmt die weltpolitische Lage. Wer etwas anderes sagt, belügt die Leute, täuscht sie oder täuscht sich selbst.

Die desaströsen Folgen unserer Vasallenschaft bekommen wir aktuell im Ukraine-Konflikt zu spüren. Man nennt ihn »Ukraine-Krieg«, doch es handelt sich in erster Linie nicht um einen Krieg Russlands mit der Ukraine. Wir haben es mit einem Stellvertreterkrieg zu tun, mit Russland auf der einen und den Vereinigten Staaten auf der anderen Seite. Wenn man darüber nachdenkt, wie dieser Krieg überhaupt zustande gekommen ist, dann muss man die letzten Jahrzehnte betrachten. Dass der Wirtschaftskrieg gegen Russland schon vor Jahren begann, habe ich bereits erwähnt. Vor 30 Jahren hat Zbigniew Brzeziński, ehemaliger Nationaler Sicherheitsberater der USA, geschrieben, dass die USA den europäischen und eurasischen Kontinent beherrschen wollen. Dazu müssten sie auch die Ukraine unter ihre Kontrolle bekommen. Die USA haben seit Jahrzehnten ihre Politik auf dieses Ziel ausgerichtet. Wenn man wie die deutschen Medien und die deutsche Politik so tut, als hätte der Konflikt am 24. Februar 2022 begonnen, dann ist das einfach nur eine verlogene Propaganda, die den Weg zum Frieden versperrt. Von dem achtjährigen, seit 2014 in der Ostukraine geführten Krieg, in dem 14 000 Menschen ihr Leben verloren, wird kaum noch geredet. Es wäre auch nicht leicht zu vermitteln, dass Putin für das Sterben der russischsprachigen Bevölkerung die Hauptverantwortung trägt. Man wird an das erinnert, was Christa Wolf einst in ihrem Buch *Kassandra* geschrieben hat: »Wann Krieg beginnt, das kann man wissen, aber wann beginnt der Vorkrieg? Falls es da Regeln gibt, müsste man sie weitersagen. In Ton, in Stein eingraben, überliefern. Was stünde da? Da stünde unter anderen Sätzen: Lasst euch nicht von den Eigenen täuschen.«[8] Ja, wir lassen uns von den Eigenen täuschen, von unserem mächtigsten Bündnispartner, der seit Jahren versucht sein Zündeln an der russischen Grenze als russische Aggression zu verkaufen. Nicht nur im Krieg, auch im Vorkrieg ist die Wahrheit das erste Opfer.

Das heißt im Umkehrschluss: Wenn man den Frieden will, muss man versuchen, wahrhaftig zu sein. Man wird keinen Frieden finden, wenn man sich nicht die Wahrheit vor Augen führt. Es ist eine Tatsache, dass die mächtigste

Militärmacht der Welt selbige beherrschen will, aber viele Länder sind damit nicht mehr einverstanden. Immer mehr Staaten wollen den Anspruch der USA, die einzige Weltmacht zu sein, nicht länger akzeptieren. Dies ist die neue Situation, in der wir uns befinden und zu der wir uns als Bundesrepublik Deutschland nun verhalten müssen. Es wäre dringend notwendig, dass eine freie, öffentliche Debatte darüber stattfindet, ob diese Analyse richtig ist und wenn ja, welche Konsequenzen wir daraus ziehen müssen. Unser Ziel muss es doch sein, den Frieden in Europa wiederherzustellen. Was die Ukraine betrifft, so muss alles dafür getan werden, schnellstmöglich einen Waffenstillstand zu erreichen. Doch statt darüber nachzudenken, wie wir den erreichen können, oder einen Friedensplan vorzulegen, fordern deutsche Politiker und Journalisten weitere Waffenlieferungen. Unsere Außenministerin verstieg sich, wie bereits erwähnt, zu der abenteuerlichen Äußerung, dass »unsere Waffen helfen, Menschenleben zu retten«.[9] Diesen Satz muss man sich mal auf der Zunge zergehen lassen. Dass die Grünen einmal den Slogan der amerikanischen Waffenlobby, „Guns save lives", zu ihrem Programm für eine „feministische Außenpolitik" erheben – wer hätte das je gedacht?In welch irren Zeiten wir leben, sieht man nicht zuletzt an der Reaktion auf diese Äußerung. Zahlreiche Zeitungen druckten diese Weisheit und es gab keinen nennenswerten Aufschrei!

Wenn es richtig wäre, dass unsere Waffen Leben retten, dann müssten wir die ganze Welt mit Waffen bedienen, denn überall gibt es Konflikte! Gerade hatten wir wieder

Kriegshandlungen zwischen Aserbaidschan und Armenien. Sollen wir da jetzt schnell Waffen und Leopard-Panzer liefern, um den Frieden wieder herzustellen? Auf welchem Niveau wird in Deutschland mittlerweile diskutiert? Dieses Ausmaß von Beschränktheit, das zurzeit in der öffentlichen Debatte herrscht, resultiert aus einer völlig verblendeten und einseitigen Sicht, getreu der Orwellschen Maxime: »Wenn die Lüge immer wieder wiederholt wird, dann wird sie eines Tages zur Wahrheit.«

Ich habe zum Beispiel als Kind noch gelernt: Die USA sind die Guten und die Russen die Bösen. Das hat man uns in der Schule beigebracht. Doch als die Kuba-Krise die Welt an den Rand eines Atomkriegs führte, kamen Zweifel an dieser Aufteilung der Blöcke in Gut und Böse auf. Spätestens zur Zeit des Vietnam-Kriegs haben wir als Schüler und Studenten gemerkt, mit der Theorie vom guten Amerikaner und bösen Russen kommen wir nicht weit. Interessant ist, dass in der westlichen Medienwelt die Kuba-Krise und der Ukraine-Krieg eines gemeinsam haben: Die Berichterstattung wurde dadurch zur Lüge, dass die Vorgeschichte komplett ausgeklammert wurde. In der Kubakrise wurde der Öffentlichkeit verschwiegen, dass der Anlass für den Versuch, russische Raketen auf Kuba zu stationieren, die Stationierung von amerikanischen Jupiter-Raketen in Italien und in der Türkei war. Weil wir davon nichts wussten, waren wir über das unverantwortliche Handeln der Sowjetunion empört. Die Propaganda hatte ihr Ziel erreicht.

Auch heute wird die Vorgeschichte des Ukraine-Krieges weggelassen. Die Russen, so heißt es, haben ohne jeden

Anlass einen verbrecherischen Angriffskrieg gegen die Ukraine begonnen. Zudem lesen wir ständig, nur auf der Seite der Russen gebe es Kriegsverbrechen, während sich die Ukrainer bloß verteidigten. Im Gegenzug wird in Russland nur über die Kriegsverbrechen der Ukrainer berichtet. So versucht man die Leute gegeneinander aufzuhetzen. Dabei weiß doch jeder, der sich mal ein bisschen darüber informiert hat, was in Kriegen passiert, dass im Krieg Kriegsverbrechen stets auf beiden Seiten stattfinden. Deshalb muss es sofort einen Waffenstillstand geben und alles versucht werden, um diesen Krieg so schnell wie möglich zu beenden.

Helfen könnte dabei auch das Völkerrecht. Zumindest wenn es eine Instanz gäbe, die dieses durchsetzen würde. Es verbietet, einen anderen Staat anzugreifen. Der Angriff Russlands auf die Ukraine ist ein klarer Verstoß gegen das Völkerrecht. Wir dürfen an dieser Stelle nicht den Fehler der Kriegstreiber machen und mit zweierlei Maßstäben messen. Wir müssen *alle* Kriege verurteilen, die gegen das Völkerrecht verstoßen. Wer beispielsweise den Jugoslawienkrieg oder den Irakkrieg verurteilt hat, der muss auch den Einmarsch der russischen Armee in die Ukraine verurteilen. Die Regel »Was du nicht willst, das man dir tu, das füg' auch keinem anderen zu« wird von den Kriegsparteien nicht angewandt. Man zeigt lieber mit dem Finger auf den Gegner und nimmt sich dann selbst Dinge raus, die man dem anderen in keinem Fall zubilligen will.

Wir sehen: Neben der fatalen Aufgabe der Entspannungspolitik ist es ein großes Hindernis auf dem Weg zum Frieden, dass wir mit zweierlei Maß messen. Tun wir dies weiter, haben wir keine Chance, zum Frieden zu kommen. Leider ist vieles, was zurzeit öffentlich diskutiert wird, einfach unwahr, schlicht Propaganda und hat mit den realen Tatsachen überhaupt nichts zu tun. Um das auf die NATO-Diskussion runterzubrechen: Wenn ich Recht habe, dass wir eine Weltmacht haben, welche die einzige bleiben will, und dass sie deshalb Kriege führt, dann kann eine solche Weltmacht doch niemals ein *Verteidigungs*bündnis anführen! Das ist die Kernthese meiner Überlegungen und wenn man sie akzeptiert, muss man die deutsche und europäische Außen- und Verteidigungspolitik grundlegend verändern. Diese Überlegungen können doch nur zu dem Ergebnis führen, dass wir Europäer eine eigene Sicherheitsstruktur aufbauen müssen – ohne die USA. Denn diese Überlegungen entlarven die Lebenslüge der NATO: Immer wieder wird behauptet, die NATO sei ein reines Verteidigungsbündnis und sie würde niemanden bedrohen. Aber die NATO ist nichts anderes als ein geopolitisches Instrument der USA, einer Macht, die zur Durchsetzung ihrer Interessen in aller Welt verdeckte Kriege, Wirtschaftskriege, Drohnenkriege und Bombenkriege führt.

Tagtäglich lässt sich beobachten – zumindest für diejenigen, die nicht die Augen vor der Realität verschließen –, wie die USA rücksichtslos ihre Interessen durchsetzen. Das letzte abschreckende Beispiel für die Vorgehensweise eines der aggressivsten Staaten der Erde war die Sprengung der Gaspipelines Nordstream 1 und 2. In welch erbärmlichem Zustand sich Politik und Journalismus in Deutschland befinden, zeigte die Reaktion auf diesen ungeheuerlichen Anschlag auf eine zentrale Versorgungsleitung Europas. Obwohl man es mit Händen greifen konnte, dass die USA hinter diesem Sprengstoffanschlag steckten, wollten unsere Politiker und Journalisten das nicht wahrhaben. Präsident Biden erklärte in einer Pressekonferenz am 7. Februar 2022, im Beisein von Olaf Scholz, dass ein russischer Einmarsch in die Ukraine das Aus für Nordstream 2 bedeute. Auf die Nachfrage, wie er dies denn durchsetzen wolle, schließlich sei Nordstream 2 ein deutsches Projekt, sagte er: »Ich verspreche Ihnen: Das werden wir schaffen.«[10] Trotzdem wagte kein Ampelpolitiker das Offensichtliche beim Namen zu nennen. Völlig verblödete Journalisten spekulierten, ob nicht die Russen ihre eigene Pipeline gesprengt hätten, um den USA diesen Anschlag in die Schuhe zu schieben.

Auch als die *NachDenkSeiten* einen *Spiegel*-Artikel vom 21. März 1982 aufgriffen, nach dem die USA schon einmal eine russische Gaspipeline unbedingt verhindern wollten, und auf einen Bericht der *Washington Post* vom 4. Februar 2004 verweisen, nach dem Präsident Reagan einen CIA-Plan zur Sprengung einer sibirischen Pipeline gebilligt hatte und dass dieser Terroranschlag auch durchgeführt wurde, blieb eine Reaktion der deutschen Politik aus.[11] Obwohl das ein weiterer Beleg dafür war, dass die USA, der »Terrorstaat Nummer 1« (Noam Chomsky), nicht vor Terrorakten zurückschrecken, um, nach dem Motto des Erlkönigs: »Und bist Du nicht willig, so brauch ich Gewalt«,

Russland und Deutschland zu schwächen und das eigene Gas zu verkaufen.

In Washington sah man, dass der Widerstand gegen die verfehlte Politik der Bundesregierung in Deutschland immer größer wurde und dass es mittlerweile eine Mehrheit dafür gab, Nordstream 2 zu öffnen, um die astronomischen Gaspreise zu senken. Wenn es nicht gelingt, in überschaubarer Zeit den Schaden zu beheben, dann haben die USA das erreicht, was sie seit vielen Jahren wollen: Statt des preiswerten Gases aus Russland wird zukünftig das umweltschädliche Fracking-Gas aus den USA in Deutschland und Europa den Preis bestimmen. Zurzeit beträgt der Gaspreis in Deutschland das Achtfache des Preises in den USA und die ersten Betriebe müssen schließen oder wandern nach Übersee ab. Versteht man langsam, warum viele Menschen meinen, wir hätten zurzeit die dümmste Regierung Europas?

Wir sind so sehr in einem Orwellschen Käfig gefangen, wo die Wahrheit zur Lüge wird und die Lüge zur Wahrheit, dass wir vieles gar nicht mehr sehen. Wenn zum Beispiel die aktuellen Sanktionsmaßnahmen begründet werden, dann heißt es, mit solchen Verbrechern wie diesem Putin können wir doch keine Geschäfte machen. Man kann ja aus moralischen Erwägungen zu einem solchen Ergebnis kommen. Nur wenn man Kriegsverbrechen mit Handelssanktionen ahnden will, dann muss man auch ab sofort den Handel mit den Vereinigten Staaten einstellen, denn auch dieser Handel wäre dann durch nichts mehr zu rechtfertigen. Die Vereinigten Staaten haben die meisten Kriege geführt und zahllose schwere Verbrechen begangen. Nach offiziellen Schätzungen fielen 20 Millionen Menschen den US-Kriegen nach dem Zweiten Weltkrieg zum Opfer. Wenn wir Angriffskriege mit Sanktionen bestrafen, dann müssten wir doch bei dem größten Schurkenstaat anfangen und dürften mit den USA überhaupt keine Geschäfte mehr machen! Aber wir verhalten uns heuchlerisch und reden mit gespaltener Zunge.

Insbesondere die Partei der Grünen macht diese doppelte Moral und diese Lügen-Propaganda seit Jahren mit. Das sieht man an folgendem Beispiel: Die Grünen sagen immer, sie wollen Menschenrechtspolitik machen und deshalb verurteilen sie diesen Verbrecher Putin. Auf der anderen Seite haben sie zu ihren Tagungen mehrfach Madeleine Albright eingeladen. Das war jene US-Außenministerin, die den Tod von 500 000 irakischen Kindern infolge der US-Sanktionen gerechtfertigt hat.[12] Wie skrupellos muss man sein, um eine solche Verlogenheit an den Tag zu legen? Das Wirtschaftsberatungsunternehmen des ehemaligen Außenministers Joschka Fischer pflegte viele Jahre eine exklusive Partnerschaft mit der Albright Stonebridge Group, dem Beratungsunternehmen dieser »Kindsmörderin« – das hat die Grünen überhaupt nicht gestört! Da sieht man, wie diese Partei, mit der ich einst sympathisiert habe, sich gewandelt hat.

Ich muss noch einmal auf Frau Baerbock zurückkommen, die voller Freude ankündigte: »Unsere Sanktionen werden Russland ruinieren.« »Russland ruinieren« ist die Sprache des Faschismus! Denn ein Wesenselement des Faschismus ist es, dass er den Menschen und die Menschenwürde ausklammert. Deswegen sagt die Außenministerin ja nicht: »Wir müssen dafür sorgen, dass möglichst viele *Russen* sterben«, nein, sie sagt: »Das wird Russland ruinieren.« Sie klammert die Menschen aus und macht sich die Sprache des Faschismus zu eigen. So können wir doch keine Friedenspolitik in Europa machen!

Ich plädiere schon seit vielen Jahren – seit mindestens 40 Jahren – dafür, dass wir uns von der aggressiven und gefährlichen US-Politik lösen müssen. Charles de Gaulle, der einer der großen Staatsmänner Europas war, hat immer gesagt, jedes Land sollte wenigstens über die wichtigste Frage, nämlich über Krieg und Frieden, selbst entscheiden. Sehr früh ist mir klargeworden, dass wir, solange wir die ganzen US-Militäreinrichtungen auf unserem Boden haben, in jeden Krieg der USA verwickelt sind. Denn sie brauchen die hiesigen Militärstützpunkte, insbesondere Ramstein, da sie von dort aus ihre Einsätze leiten. Gewissermaßen sind wir also immer Kriegspartei, wenn die USA Kriege führen – ob wir wollen oder nicht. Deshalb sollten wir, dem Beispiel Charles de Gaulles folgend, die militärischen Einrichtungen der USA, die zur Führung der US-Kriege in aller Welt gedacht sind, von deutschem Boden verbannen.

Viele denken, die USA sind unsere Schutzmacht, sie sind die Stärksten und solange wir uns mit ihnen gut stellen, halten sie ihre schützende Hand über uns. Dieses Denken ist leichtfertig und schlichtweg naiv. Denn eines dürfte doch langsam klar sein: Alle Raketen Russlands sind auf militärische Ziele gerichtet, von denen Russland angegriffen werden kann. Das heißt, eine der wichtigsten Militärbasen im Ziel-Katalog der russischen Raketen ist Ramstein, nahe Kaiserslautern, das US-amerikanische Drehkreuz für Kriegsführung und Drohnenangriffe. Auch die Chinesen werden logischerweise ihre Raketen Zug um Zug auf die US-Einrichtungen in Europa programmieren müssen. Was bleibt ihnen denn anderes übrig?

Wenn wir also ein friedliches Europa anstreben und uns aus den Konflikten der Atommächte heraushalten wollen, dann brauchen wir die Befreiung Europas von der militärischen Vormundschaft der USA durch eine eigenständige europäische Sicherheits- und Verteidigungspolitik. Dieses Ziel sollte unsere oberste Priorität sein. Selbstverständlich entspricht es dem Interesse Europas, mit den atomaren Großmächten USA, China und Russland gute Beziehungen zu haben und mit ihnen Handel zu treiben. Aber wir dürfen uns nicht in irgendeiner Form in die Konflikte hineinziehen lassen, die sie miteinander haben. Die überlebensnotwendige Unabhängigkeit von den USA erreichen wir nur, wenn wir eine selbständige europäische Verteidigungspolitik aufbauen.

Betrachten wir nur an dieser Stelle zwei Länder aus der Europäischen Union, Frankreich und Deutschland, dann sehen wir: Frankreich und Deutschland haben gemeinsam mehr Einwohner als Russland, ihre Wirtschaftskraft ist stärker als die Russlands, und sie haben zusammen einen höheren Verteidigungsetat als Russland. Wieso wird trotz dieser Tatsachen überall verbreitet, wir bräuchten unbedingt die USA, um uns gegen Russland zu verteidigen? Das ist nur Zweckpropaganda, um die Europäer weiter den Zielen der US-Politik zu unterwerfen. Wir haben nach meiner festen Überzeugung schlicht und einfach keine andere Wahl, als uns als Europäer selbst zu organisieren. Ich bin, seit ich in der Politik bin, dafür, dass wir die europäische Zusammenarbeit intensivieren und eine gemeinsame europäische Außen- und Verteidigungspolitik entwickeln. Es geht nicht mehr anders.

Über eine enorme Gefahr haben wir bei all dem noch gar nicht geredet: die Gefahr eines Nuklearkrieges in Europa. Vieles, was so gedacht und auch gesagt wird, klammert den Wahnsinn des nuklearen Krieges aus. Aber seit einiger Zeit reden Leute, darunter hochrangige Politiker, über Nuklearkriege, als ginge es um ein Videospiel. Man hat den Eindruck, dass sie gar nicht mehr wissen, was das bedeutet. Ich habe mich bei der Beurteilung der Gefahren im Atomzeitalter an dem Philosophen Günther Anders orientiert. Er ist der Philosoph des Atomzeitalters und hat eine beeindruckende Analyse vorgelegt: Wir Menschen stellen Dinge her, von denen wir keine Vorstellungen mehr haben. Wir begreifen gar nicht mehr, was wir machen: Die atomare Bedrohung übersteigt unser Vorstellungsvermögen.

Klaus von Dohnanyi, der ehemalige erste Bürgermeister der Freien und Hansestadt Hamburg, hat ein sehr gutes Buch geschrieben mit dem Titel *Nationale Interessen*.[13] Er erinnert darin an folgenden Vorgang: Er hat mal an einer

Militärübung in Mitteleuropa für die Bundesrepublik teilgenommen und erlebt, dass die USA, die natürlich das Sagen hatten, bei einer Variante der Übung plötzlich angeordnet haben: Jetzt setzen wir Nuklearwaffen in Europa ein. Das war in den 1980er-Jahren ein großes Thema und viele deutsche Politiker hatten die Sorge, dass irgendwann ein auf Europa begrenzter Atomkrieg von den USA und den Sowjets geführt werden könnte, nach dem Motto: Die USA sind weit weg und die UdSSR ist groß, also können wir mal in Mitteleuropa versuchen, Atomwaffen einzusetzen. Und genau über solche Szenarien wird nun wieder während des Ukraine-Krieges geredet. Was verteidigt man denn noch, wenn Nuklearwaffen gezündet worden sind? Ist denen das überhaupt nicht klar? Wir müssen doch als Europäer jedes Interesse daran haben, einen nuklearen Krieg in Europa zu vermeiden!

Dieses Szenario beschäftigte schon die Friedensbewegung in Europa, als es 1983 um die Aufstellung der Mittelstreckenraketen Pershing 2 und die Stationierung der Cruise Missiles ging. Damals waren die Sowjets zu Recht sehr nervös. Die Pershing 2 hatte eine Flugzeit von 10 Minuten und eine Zielabweichung von 12 Metern. Ich bin in jener Zeit als ein Sprecher der Friedensbewegung durch die Lande gezogen und habe gesagt: »Das könnt ihr doch nicht machen, ihr könnt doch nicht Raketen aufstellen, die in zehn Minuten in Moskau sind.« Ich habe das mit einem Bild versucht zu verdeutlichen: Der Breschnew – das war der damalige Generalsekretär der kommunistischen Partei in der UdSSR – ist noch nicht mal vom Klo runter, da ist die Rakete bereits im Kreml eingeschlagen.

Heute haben die USA nicht nur Raketenbasen in Polen und Rumänien, nein, sie wollten natürlich auch Raketenbasen in der Ukraine haben. Das ist seit vielen Jahren das Ziel der US-Administration, denn dann haben sie praktisch das Messer am Hals des Gegners, in diesem Fall der Russischen Föderation. Daher geht es – weil da in der Sprache oft falsche Bilder entstehen – in erster Linie *nicht* darum, ob die Ukraine auf dem Papier in der NATO ist und die Garantie hätte: »Wenn ihr angegriffen werdet, dann werden wir euch helfen.« Es geht darum, dass die Russen an ihrer Grenze keine Raketen haben wollen, womöglich atomar bestückt, die in fünf Minuten in Moskau sind. Niemand, dem Frieden und Stabilität in Europa am Herzen liegen, kann diese gefährliche Raketenstationierung in den russischen Nachbarländern gutheißen. Ein einziger technischer oder menschlicher Fehler trennt uns vom Dritten Weltkrieg, und das ist keineswegs übertrieben.

In der Geschichte sind wir bereits mehrfach dem Atomkrieg um ein Haar entkommen: Während der Kuba-Krise, die die Älteren von uns noch in Erinnerungen haben, gab es einen sowjetischen Marineoffizier, der eine atomare Auseinandersetzung verhindert hat. Atom-U-Boote der Sowjetunion kreuzten damals in der Nähe Kubas, aber es waren US-Zerstörer über ihnen. Der Kommandant dachte, da er keinen Kontakt mehr mit Moskau hatte, der Krieg wäre losgegangen. Er wollte atomar bestückte Torpedos einsetzen. Gott sei Dank gab es die Regel, dass drei Offiziere diesem Einsatz zustimmen mussten. Ein mutiger Offizier, Wassili Alexandrowitsch Archipow, stimmte dem

Abschuss nicht zu. Dieser Mann hat also praktisch im Alleingang ein nukleares Inferno verhindert, an dem wir in der Kubakrise ganz nahe dran waren. Es gab einen ähnlichen Fall: 1983 saß Oberst Stanislaw Petrow in der Kommandozentrale der sowjetischen Satellitenüberwachung und die Computer meldeten aufgrund von fehlerhafter Software einen Angriff von US-Raketen. Für diesen Fall, dem Anflug von Interkontinentalraketen, hatte er die Anweisung, unverzüglich den Gegenschlag auszulösen. Aber er hat selbstständig entschieden, dass das ein Computerfehler ist, und löste den Gegenschlag nicht aus. Wir können uns aber nicht immer darauf verlassen, dass es an den entscheidenden Stellen Menschen gibt, die den Mut und den Verstand haben, solche Entscheidungen zu treffen. Wir müssen wissen, dass technische Systeme und Menschen immer wieder versagen können, siehe in den erwähnten Beispielen die fehlende Verbindung zur Zentrale oder eine Falschmeldung des Computers. Deshalb müssen wir die Welt so aufbauen, dass ein solches Versagen nicht zur Zerstörung der ganzen Welt führt. Es darf daher keine Raketen mit kurzen Flugzeiten an der Grenze einer Atommacht geben!

Diese Einsicht fehlt in den Debatten deutscher Leitmedien gänzlich. Haben Sie irgendwo darüber gelesen, dass es völlig unverantwortlich ist, Kurzstreckenraketen an der Grenze einer Atommacht aufzustellen? Stellen wir uns doch einmal vor, was die USA machen würden, wenn Atomraketen, mit einer Flugzeit von fünf Minuten, in Mexiko an der Grenze stünden oder in Kanada oder auf Kuba?

Warum sind Journalisten und Politiker nicht in der Lage auch nur mal zu denken, was passieren würde, wenn die USA von Russland oder China mit Militärbasen und Raketen eingekreist würden?

Ich hätte manchmal Lust, die Mitglieder der Bundesregierung zur Teilnahme an einem Seminar zu verpflichten, in dem sie dann alle auf einen Atlas schauen und Kreuzchen dort machen müssen, wo sich Militärstationen und Raketen befinden. Dann müssten sie ein Lineal nehmen, die Entfernung messen und angeben, welche strategisch wichtigen Ziele in welcher Zeit man von den Stützpunkten aus treffen kann. Das müssen sie anschließend dem Seminarleiter vorlegen, der prüft, ob sie das richtig angekreuzt haben. Vielleicht kämen Frau Baerbock und die übrigen US-Befehlsempfänger in Berlin auf einmal zu der Erkenntnis, dass nicht russische Truppen an der kanadischen Grenze stehen oder chinesische Raketen an der mexikanischen Grenze, sondern US-Truppen und US-Raketen in der Nähe der russischen Grenze. Aber wenn man diese Leute reden hört, meint man wirklich, es sei umgekehrt. Da klingt es, als würden die Russen und Chinesen an den Grenzen der USA stehen – eine komplette Verdrehung der Realität!

Es gab in der Vergangenheit Politiker, die den richtigen Ansatz verfolgt hatten. Einer der bedeutendsten Politiker des letzten Jahrhunderts, Willy Brandt, hat gegen den Widerstand der USA seine Entspannungspolitik umgesetzt, weshalb ihm Henry Kissinger einst in einem Telefongespräch mit Präsident Nixon den Krebs an den Hals wünschte. Aber Brandt wusste, dass wir in Europa nur in Frieden leben können, wenn wir Frieden mit den osteuropäischen Ländern haben, insbesondere mit Russland, damals mit der Sowjetunion. Dieses Wissen zur Grundlage seiner Politik gemacht zu haben, war seine historische Leistung. Einen Politiker wie Willy Brandt vermissen wir heute.

Mit wem dürfen wir uns stattdessen zufriedengeben? Mit Olaf Scholz. Einige halten Scholz ja immer noch zugute, dass er bei Waffenlieferungen bremst und vorsichtig agiert. Sobald sich aber etwas Druck aufbaut, gibt er klein bei und liefert die geforderten Waffen. Scholz nennt sich Sozialdemokrat und befürwortet eine gewaltige Aufrüstung von 100 Milliarden Euro, weil die Amis das so wollen. Er befürwortet Kriege und verfolgt damit eine Politik, die derer von Willy Brandt diametral entgegensteht. Der Friedensnobelpreisträger setzte auf Abrüstung und war überzeugt: »Krieg ist kein Mittel der Politik.«

Auch Helmut Kohl hatte erkannt, dass er Frieden mit der damaligen Sowjetunion brauchte, um die deutsche Einigung zu erreichen und den Frieden in Europa zu bewahren. Er verhandelte mit Michail Gorbatschow. Der letzte sowjetische Generalsekretär liebte die Menschen, er wollte keinen Krieg, er wollte keine Auseinandersetzung, er träumte vom europäischen Haus. Und schauen Sie sich an, wo wir heute gelandet sind! Kohl hatte wenigstens erkannt, dass an einem Frieden mit der Sowjetunion kein Weg vorbeiführte. Er hat mit Gorbatschow die Zwei-plus-Vier-Verträge geschlossen und ihm versichert, dass die NATO-Osterweiterung nicht kommen würde. Da gibt es genügend Dokumente, die man einsehen kann. Und dann war da noch der FDP-Vorsitzende Hans-Dietrich Genscher. Auch er wurde in den USA misstrauisch beäugt – »Genscherismus« war ein Schimpfwort –, weil er keine Kurzstreckenraketen und taktischen Atomwaffen in beiden Teilen Deutschlands wollte, da sonst die Gefahr eines auf Mitteleuropa begrenzten Nuklearkrieges steigen würde. Heute suchen wir bei der FDP vergeblich Politiker vom Schlag Genschers, stattdessen haben wir Marie-Agnes Strack-Zimmermann als Vorsitzende des Verteidigungsausschusses, die uns jeden zweiten Tag erzählt, wir müssen Waffen liefern, weil das zum Frieden führe. Entweder hat Frau Strack-Zimmermann einen ähnlichen Intelligenzquotienten wie Frau Baerbock oder sie weiß genau, was sie für einen Unsinn redet, und sagt alles, was ihre Ansprechpartner in der Rüstungsindustrie ihr vorbeten. Sie ist zum Beispiel Mitglied im Förderkreis Deutsches Heer sowie im Präsidium der Deutschen Gesellschaft für Wehrtechnik.[14] In ihrem Wahlkreis, Düsseldorf I, ist zufällig auch der Sitz von Rheinmetall. Das Unternehmen hat bereits erklärt, dass es vieles hat, was die Ukraine dringend braucht.[15] Ein Schelm, wer Böses dabei denkt!

Wenn man die mediale Berichterstattung verfolgt, dann fällt auf, dass wir eine interessengeleitete, heuchlerische Trauer zelebrieren. Wenn man Putin für den Tod von Menschen verantwortlich machen kann, dann befällt viele Politiker und Journalisten hierzulande eine große Trauer. Aber wenn Menschen verhungern, wenn sie im Jemen sterben oder in Aserbaidschan im Krieg ihr Leben verlieren, dann geht man zur Tagesordnung über. Deswegen ist diese Trauer nicht echt und nicht das Ergebnis von Menschenliebe, sie ist politisches Kalkül. Wer nicht auch mit den Familien der in der Ukraine umgekommenen russischen Soldaten trauert, dessen Mitgefühl ist nicht aufrichtig. Manche Politiker schreiben sich »christliche Werte« auf die eigene Fahne. Was geht in ihnen wohl vor, wenn sie in der Bibel lesen »liebet eure Feinde«. Andere sprechen allen Ernstes von »wertegeleiteter Außenpolitik« und reden dabei mit gespaltener Zunge. Man stellt sich wirklich die Frage, von welchen Werten Politiker geleitet werden, die den russischen Angriffskrieg verbrecherisch nennen und die vielen US-Angriffskriege als Kampf für Demokratie und Frauenrechte verharmlosen.

Spätestens nach der Zerstörung von Nordstream 1 und 2, der Abwanderung europäischer Betriebe in die USA und der enormen Verteuerung der Energiepreise in Europa in der Folge des Ukraine-Krieges und der von den USA vorgegebenen Sanktionen, die Europa und vor allem Deutschland schaden, muss doch jeder einsehen: Wir brauchen eine eigenständige europäische Politik, die sich an Willy Brandt, Charles de Gaulle oder Hans-Dietrich Genscher orientiert. Und auch an Helmut Kohl, der noch gegenüber den USA deutsche und europäische Interessen vertrat. Und mit seinem Nein zur Beteiligung der Bundeswehr am Irak-Krieg hat Gerhard Schröder gezeigt, dass sich Deutschland nicht an völkerrechtswidrigen Kriegen der USA beteiligen muss.

Gott sei Dank gibt es immer noch Stimmen, die sich dafür einsetzen, dass wir doch wieder an die Entspannungspolitik anknüpfen sollten. Ich habe sogar in einem Artikel der *Welt* gelesen, dass kein Weg an der Entspannungspolitik mit dem Osten vorbeiführt, wenn wir Frieden wollen.[16] So etwas würde ich heutzutage gerne mal von einem führenden Sozialdemokraten hören. Aber die missratenen Urenkel Willy Brandts reden neuerdings lieber darüber, dass Deutschland eine Führungsmacht sei. Sie stolpern noch nicht einmal über das Wort Führung und können sich offenbar nicht vorstellen, welche Reaktionen solches Gerede bei unseren europäischen Nachbarn hervorruft.

Ein paar Worte noch zu einer Diskussion, die abenteuerlich zu nennen ist. Wenn man darauf hinweist, dass immer mehr Menschen in Deutschland Probleme haben, ihre Rechnungen zu bezahlen; dass die Ärmsten jetzt schon unter den Fehlentscheidungen der deutschen Regierung, der Sanktionspolitik leiden; wenn man sagt, wir haben ein einfaches Mittel, um diese Dinge wieder in den Griff zu bekommen, indem man wieder Verhandlungen mit Russland aufnimmt und erreicht, dass sie uns wieder ihr Gas und Öl liefern: dann ist man für die US-Vasallen ein Nationalist. Auch das zeigt die weit verbreitete geistige Verwirrung. Die Politiker und ihre Berater müssten in der von mir bereits geforderten Nachhilfestunde im Atlas nicht nur ankreuzen, wo die Militärstationen sind, sie müssten auch ankreuzen, wo die Rohstoffe sind. Vielleicht würden sie dann feststellen, dass da ein großes Land in unserer Nachbarschaft ist, das Russland heißt, und dass dieses Land sehr viele Rohstoffe besitzt, die man nicht so ohne Weiteres durch andere Rohstoffe in der Welt ersetzen kann, weil die Vorräte nun einmal endlich sind. Sobald man dies erkennt, muss man die Zusammenarbeit mit Russland wieder aufnehmen. Wir sind als Politiker gewählt worden, um die Interessen der Leute zu vertreten, die uns ihre Stimme gegeben haben. Das ist kein Nationalismus, wie einige Irre glauben, das ist unsere selbstverständliche Pflicht. Und wenn die Politik dazu führt, dass Menschen ihre Rechnungen nicht mehr bezahlen können, dass sie verarmen, dass die Industrie abwandert, dann muss man die Politik ändern! Wo kommen wir denn sonst hin!

Als Reaktion auf die von mir hier dargelegte Kritik wird einem oft Anti-Amerikanismus unterstellt. Das ist ein immer wiederkehrendes Totschlagargument in der deutschen Debatte. Ich habe aber sowohl für die USA als auch für Russland eine große Sympathie. Diese wurde nicht durch die Politiker der beiden Staaten vermittelt, sondern durch ihre Schriftsteller, Musiker, ihre bildenden Künstler, durch Begegnungen mit Amerikanern und Russen auf Reisen und durch Persönlichkeiten, die wie Michael Gorbatschow oder Martin Luther King Vorbildliches geleistet haben. Bei allen Vorbehalten, eins muss man den US-Politikern lassen: Sie spielen zuweilen mit offenen Karten. Sie sagen doch, was sie wollen! Das ist oft genug nachzulesen, zum Beispiel auf den *NachDenkSeiten*, denen wir viel zu verdanken haben, denn sie berichten über vieles, was der Mainstream gerne unter den Tisch fällen lässt. So ist zum Beispiel George Friedman, ehemaliger Chef des Beratungsinstituts Stratfor, immer wieder zitiert worden. Er sagte, Ziel der US-Politik seit 100 Jahren sei es, das Zusammenkommen von russischen Rohstoffen mit deutscher Technik zu verhindern.[17] Das ist eine einfache Erklärung. Aber warum sind die deutschen Politiker so einfältig, das nicht zu begreifen? Die müssten doch im Gegenzug sagen: »Wenn die Amis das wollen, weil sie auch ein starkes Europa als Rivalen sehen und uns deshalb schwächen wollen, dann müssen wir entgegnen: ›Unser Ziel ist es aber, deutsche Technik mit russischen Rohstoffen zusammenzuführen.‹«

Selbst wenn man das alles nicht einsieht, dann möchte ich noch einmal neben der Kernthese, dass die aggressive Weltmacht USA kein Verteidigungsbündnis anführen kann, eine für die Zukunft Deutschlands wichtige Feststellung wiederholen: Wir werden unseren jetzigen Wohlstand ohne die russischen Rohstoffe nicht halten können, weil es für die russischen Rohstoffe in diesem Umfang schlichtweg keinen Ersatz gibt. Robert Habeck, der keine Geschäfte mehr mit dem Autokraten Putin machen will, ist bekanntermaßen nach Qatar gereist, in ein Land, in dem Arbeitnehmer- und Frauenrechte mit Füßen getreten werden, und hat um Gas gebettelt. Und dieses Trauerspiel nennt sich dann »feministische Außenpolitik« – man meint wirklich, man wäre im Irrenhaus! Mittlerweile weiß man, dass es mit dem Gas aus Qatar nichts wird.[18] Sogar in den USA sagte eine Ministerin neulich, man könne das US-Fracking-Gas nicht unbegrenzt nach Europa verkaufen, weil man es jetzt selbst brauche. Gleiches gilt für die Niederländer. Ursula von der Leyen, eine Spitzenpolitikerin aus Deutschland von der Qualität Annalena Baerbocks, war im Juli 2022 in Aserbaidschan und hat mit dem dortigen Präsidenten, dem »lupenreinen Demokraten« und »Hüter der Menschenrechte« Ilham Aliyev, ein Gasabkommen unterzeichnet. Daran sieht man, wie verlogen das alles ist. Aliyev ist auch ein Diktator, der einen verbrecherischen Angriffskrieg führt! Das scheint die westliche Wertegemeinschaft aber nicht zu stören.

Und noch etwas: Wir verurteilen – zu Recht – die korrupte Oligarchie in Russland und übersehen, dass die Ukraine ebenfalls eine korrupte Oligarchie ist. Selenskyj wurde von einem Oligarchen ins Amt gebracht und sein Name taucht in den Pandora Papers auf. Er hat Millionen ins Ausland gebracht und besitzt nach Presseberichten lukrative Wohnungen in London, in die er sich zurückziehen kann, wenn es nicht mehr so für ihn läuft. Und der nette Herr Biden ist über seinen Sohn Hunter in die krummen Geschäfte der ukrainischen Oligarchie verwickelt. Auch darüber schweigen unsere Medien in der letzten Zeit. Vor dem Krieg wusste man noch von dem Asow-Bataillon, einer Art Nazi-Organisation, die jetzt zu einer Truppe verklärt wird, die einen heldenhaften Kampf für Freiheit und Demokratie führt. Man wusste noch, dass in Kiew Ultra-Rechte in der Regierung sitzen, waschechte Faschisten, die den Nazikollaborateur Bandera verehren, der für Morde an vielen Polen und Juden mitverantwortlich war. Über all diese Ungeheuerlichkeiten wurde vor wenigen Jahren noch geschrieben. Heute sind sie aus der medialen Berichterstattung weitestgehend verschwunden.

Dass die USA eine korrupte Oligarchie sind, hat schon der ehemalige US-Präsident Jimmy Carter gesagt.[19] Wenn ich mir die Frage stelle, warum diese korrupten Oligarchien miteinander Krieg führen, dann denke ich an ein Zitat des französischen Sozialisten Jean Jaurés: »Der Kapitalismus trägt den Krieg in sich wie die Wolke den Regen.« Das ist ein wunderbares Bild: Eine Wirtschaftsordnung, die immer nur auf Expansion und mehr Gewinn ausgerichtet ist, geht irgendwann über Leichen. Das wusste schon Karl Marx, aber heute ist es der Papst in Rom, der immer darauf hinweist, dass diese Wirtschaft tötet.

Eine herausragende Rolle spielt dabei die Waffenindustrie. Auf die Gefahr durch die US-Waffenindustrie hat schon der ehemalige US-Präsident Eisenhower hingewiesen. Mittlerweile kontrolliert sie die Mehrheit des Senats und des Kongresses. Das ist auch der Grund, warum der Kriegsetat der USA immer mit großer Mehrheit beschlossen wird und ständig steigt. Die USA planen, für 40 Milliarden US-Dollar in den nächsten Jahren Waffen in die Ukraine zu liefern. Weil die USA es so wollen, müssen wir uns auf einen Krieg vorbereiten, der viele Jahre dauert. Ein US-Politiker hat diese ruchlose Politik wie folgt kommentiert: Die USA kämpfen jetzt bis zum letzten Ukrainer. Das ist zwar ein bitteres Wort, aber es beschreibt die Politik Washingtons sehr gut. Die Klage und die Trauer um die Toten sind doch nur dann glaubwürdig, wenn man sich bemüht, einen sofortigen Waffenstillstand zu erreichen. Davon merkt man aber nichts.

In der Friedensbewegung hatten wir einst die »soziale Verteidigung« als Alternative zur militärischen Verteidigung diskutiert. Soziale Verteidigung hätte im Falle der

Ukraine geheißen, die Ukraine wehrt sich nicht militärisch gegen den Einmarsch, sondern leistet gewaltfreien sozialen Widerstand, zum Beispiel in Form von Streiks. Was wäre das Ergebnis gewesen? Statt der Marionetten-Regierung aus den USA hätte man jetzt eine Marionetten-Regierung aus Moskau, die Oligarchen würden weiterhin miteinander streiten, wer welche Geschäftsfelder hat, allerdings mit einem entscheidenden Unterschied: Die Ukraine wäre nicht zerstört und viele Ukrainer und Russen wären nicht ums Leben gekommen. Ich erwähne das, um zum Nachdenken darüber anzuregen, ob diese Debatte über die soziale Verteidigung in der Friedensbewegung so dumm war.

Einst saß ich neben Heinrich Böll, Petra Kelly und Gerd Bastian vor dem US-Depot in Mutlangen, um gegen die Stationierung von US-Raketen in Deutschland zu demonstrieren. Wen ich heute daran denke, dass die Grünen ihre Stiftung immer noch Heinrich-Böll-Stiftung nennen, dann kriege ich Bauchkrämpfe. Böll war jemand, der sich als Kriegsheimkehrer zutiefst dem Frieden verpflichtet fühlte. Er war einer der Menschen, an denen wir Jüngeren uns damals aufgerichtet haben. Dazu zählte auch Willy Brandt, der sich im Gegensatz zu vielen anderen während der Nazizeit im Widerstand befand. Die Grünen könnten ihre Stiftung doch nach Madeleine Albright benennen oder nach Carl von Clausewitz, für den der Krieg die Fortsetzung der Politik mit anderen Mitteln war.

Es geht bei der Suche nach dem Weg zum Frieden nicht darum, die Guten und die Bösen auseinanderzuhalten. Es geht darum, Strukturen zu erkennen, die zum Frieden oder zum Krieg führen. Entscheidend ist, dass wir eine Macht haben, die mit großem Abstand die mächtigste Macht der Welt ist und mit zwei anderen Atommächten rivalisiert. Diese beiden anderen, Russland und China, erheben ebenfalls den Anspruch, auf der Weltbühne mitzuspielen. Mit dieser Situation sind wir, die Deutschen und die Europäer, konfrontiert. Wie verhalten wir uns in dieser Situation? Wäre der Hegemon eine Friedensmacht, dann wäre es völlig einleuchtend, sich mit ihm zu verbünden. Er ist es aber nicht – wie wir sehen: 251 Militärinterventionen seit 1991, und die USA werden diese Zahl weiter in die Höhe treiben.[20] Von dem verbrecherischen Drohnenkrieg, der im Übrigen von deutschem Boden, in Ramstein, gesteuert wird, redet heute kaum noch einer. Wir Deutsche leisten, ob wie es wahrhaben wollen oder nicht, Beihilfe zu den US-Drohnenmorden. Helmut Schmidt war einer der wenigen, die die US-Politik offen kritisierten und dagegen waren, dass sich Deutschland an den US-Kriegen beteiligte. Er sagte zum Beispiel einmal: »In Afghanistan haben wir nichts verloren.« Und er hatte recht. Wir haben in diesen Kriegen der USA nichts verloren, auch nichts im Ukraine-Krieg, da er ein Stellvertreterkrieg der USA gegen Russland ist.

Im Grunde wäre eine wertegeleitete Außenpolitik gar nicht so schlecht, wenn sie die Achtung jedes menschlichen Lebens in ihren Mittelpunkt stellen würde. Dann sähe unsere Außenpolitik ganz anders aus. Dann müssten wir Willy Brandts Satz, »Krieg ist kein Mittel der Politik«, zustimmen. Wenn ich jetzt hingegen den SPD-Vorsitzenden, Lars Klingbeil, höre, der meint, wir seien Führungsmacht, ob wir wollen oder nicht, dann weiß ich nicht mehr, was ich sagen soll! Haben die jüngeren Politiker nichts aus der deutschen Geschichte gelernt? Die beispiellose Aufrüstung, die Lieferung von Waffen in Kriegsgebiete und die Befürwortung von Krieg als Mittel der Politik bedeutet nichts anderes als die Kündigung der erfolgreichsten Außenpolitik nach dem Zweiten Weltkrieg, nämlich der Brandtschen Entspannungspolitik. Wir Deutschen haben doch auch eine Verpflichtung aus unserer Geschichte. Wir haben doch genug Unheil in der Welt angerichtet, denken wir an den Ersten und an den Zweiten Weltkrieg!

Ich hätte mir nie vorstellen können, dass deutsche Truppen wieder an der russischen Grenze stehen. Ich hätte mir nie vorstellen können, dass mit deutschen Waffen wieder gegen Russen gekämpft wird. Wir hätten uns da raushalten müssen. Und natürlich denke ich auch an den Drohnenkrieg, an die Waffenlieferungen, an all die Kriege, die schon seit Jahren von Deutschland mitgemacht wurden. Davor hatte Willy Brandt immer gewarnt. Seine Maxime, von deutschem Boden darf niemals wieder Krieg ausgehen, verpflichtet uns, die USA zu einem sofortigen Waffenstillstand zu drängen. Wenn selbst Donald Trump Anfang Oktober 2022 sagte: »Wir müssen sofort mit den Verhandlungen über ein friedliches Ende des Krieges in der Ukraine beginnen, oder wir werden im Dritten Weltkrieg enden, und von unserem Planeten wird nichts mehr übrig sein«,[21] dann fragt man sich doch, warum ein solcher Satz nicht von Joe Biden zu hören ist.

Die USA torpedieren bis zum heutigen Tage jeden Waffenstillstand. Das hat US-Kriegsminister Lloyd Austin auf der Konferenz in Ramstein unmissverständlich zum Ausdruck gebracht. Die USA wollen erst aufhören, wenn Russland erheblich geschwächt ist. In seiner Rede zur Teilmobilmachung hat der russische Präsident Putin noch einmal darauf hingewiesen, dass bereits Anfang April eine Vereinbarung zwischen Russland und der Ukraine vorlag, die eine Friedenslösung ermöglicht hätte. Russland sollte sich aus allen seit dem 24. Februar 2022 eroberten Gebieten zurückziehen und im Gegenzug sollte die Ukraine auf einen NATO-Beitritt verzichten und dafür die Sicherheitsgarantien anderer Staaten erhalten. Als diese Vereinbarung vorlag, reiste der britische Premierminister Johnson am 9. April nach Kiew und veranlasste den ukrainischen Präsidenten Selenskyj, dieses Abkommen nicht zu unterzeichnen. Putins Hinweis auf diesen ausgehandelten Vertrag wird auch unterstützt durch die US-amerikanischen Zeitschriften *Foreign Affairs* und *Responsible Statecraft*, in denen diese Vereinbarung zwischen Russland und Ukraine ebenfalls erwähnt wird. Hier schließt sich der Kreis.

Der Ukraine-Krieg, der in Wirklichkeit ein Stellvertreterkrieg der USA mit Russland ist, soll aus Sicht Washingtons so lange wie möglich geführt werden. Es wäre höchste Zeit, dass sich der deutsche Bundeskanzler und der französische Staatspräsident verabreden und Biden unmissverständlich erklären, dass sie im Interesse Europas und der in der Ukraine sterbenden Menschen diese Politik nicht länger mittragen wollen und in keinem Fall der Aufnahme der Ukraine in die NATO zustimmen werden. Es liegen längst auch andere Vertragsentwürfe vor, auf deren Grundlage ein Waffenstillstand und ein Friedensabkommen erreicht werden können. Wenn US-Präsident Biden Anfang Oktober 2022, nachdem Russland damit gedroht hat, Nuklearwaffen einzusetzen, vor einem nuklearen Armageddon warnt, dann hat Europa keine Zeit mehr zu verlieren. Der den Ukraine-Krieg mit immer größeren Waffenlieferungen anheizende US-Präsident, Joe Biden, muss den Rat John F. Kennedys befolgen, der die Kuba-Krise durch einen Kompromiss mit Nikita Chruschtschow beendete und so einen nuklearen Weltbrand abgewendet hat: »Vor allem müssen die Atommächte bei der Verteidigung ihrer lebenswichtigen Interessen solche Konfrontationen vermeiden, die einen Gegner vor die Wahl stellen, entweder einen demütigenden Rückzug anzutreten oder einen Atomkrieg zu führen. Ein solcher Kurs im Atomzeitalter wäre nur ein Beweis für den Bankrott unserer Politik – oder für einen kollektiven Todeswunsch für die Welt.«[22]

Gedanken zum Krieg

Bereits in der Schule lernten wir, wie wir zum Krieg einge-stellt sein sollten.[1] Da hieß es mit den Worten des Dichters Horaz: »Dulce et decorum est pro patria mori.« – »Süß und ehrenvoll ist es, für das Vaterland zu sterben.« Wir sollten darüber einen Aufsatz schreiben. Als ich aufgefordert war, dazu Stellung zu nehmen, erinnerte ich mich an die Ge-schichte meiner Familie: Mein Onkel, dessen Vornamen mir meine Eltern gaben, ist 1941 200 Kilometer vor Moskau gefallen; mein Vater ist im April 1945, kurz vor dem Ende des Zweiten Weltkrieges, von einem US-Soldaten erschossen worden, als er auf dem Weg zu seiner Familie war. Bei dieser Familiengeschichte war es mir schon als Schüler nicht mög-lich, diese These des Horaz anzunehmen, dass es süß und ehrenvoll sei für das Vaterland zu sterben. Den Sinn dieses Sterbens konnte ich mir damals nicht erschließen. Und er erschließt sich mir noch immer nicht. Welchen Sinn hatte es, in Hitlers verbrecherischem Krieg sein Leben zu opfern? Der Zweite Weltkrieg führte zu 60 Millionen Toten.

Ich habe daher auch immer Verständnis gehabt für diejenigen, die sich allen Kriegen oder dem Krieg an sich verweigert haben. Damals gab es ein berühmtes Lied von Boris Vian, »Le Déserteur«, welches ich in meiner Jugend gerne gehört habe. Es gab einen französischen Innenminister der Vierten Republik, der dieses Lied während des Algerien-Krieges verboten hatte, sein Name war François Mitterrand. Dennoch bin ich überzeugt, dass dieses Lied viele junge Leute zu Kriegsdienstverweigerern machte.

Ich hatte auch immer eine große Sympathie für Kriegsdienstverweigerer und habe sie auch bis zum heutigen Tage noch. Ein Held meiner Jugend war der ehemalige Boxweltmeister Mohammed Ali, der, als er in den Vietnam-Krieg eingezogen wurde, schlicht und einfach gesagt hat: »Ich gehe da nicht hin, warum soll ich diese Menschen erschießen, sie haben mir nichts getan.«

Der Vietnamkrieg prägte meine Einstellung zum Krieg nachhaltig: die Verbrechen, die dort begangen worden sind, der Einsatz chemischer Waffen, drei Millionen Tote! Damals ging eine ganze Generation auf die Straße, um gegen diesen Krieg zu protestieren! In diesem Zusammenhang drängte sich meiner Generation die Frage auf: Wer will denn eigentlich Krieg? Es ist eine entscheidende Frage, denn ich bin ganz sicher, dass kein sibirischer Bauer mit einem ukrainischen Bauern Krieg führen will – warum sollte er auch? Wir lernten sehr schnell, dass es nicht die Völker der Welt sind, die Krieg wollen, sondern stets eine kleine Minderheit. Das gilt auch heute noch für den Ukraine-Krieg. Es gelingt zwar hin und wieder über die Medien, eine Mehrheit der Bevölkerung für den Krieg aufzustacheln. Man denke zum Beispiel an das August-Ereignis des Ersten Weltkrieges, bei dem die Bevölkerung so aufgeputscht wurde, dass die Mehrheit freudig in den Krieg zog und selbst die Dichter und Denker den Krieg bejahten, Thomas Mann beispielsweise, der vom Krieg als einer »Reinigung« sprach und ihn einen »Ausstieg aus der satten Friedenswelt« nannte, oder Max Weber, der den Krieg »groß und wunderbar« fand und dass es »herrlich« sei, ihn noch zu erleben, aber »sehr bitter«, nicht mehr an die Front zu dürfen. Aber auch die haben nach einiger Zeit das Grauen des Krieges erkannt und anders geredet.

Bei dem Nachdenken über den Krieg stellt sich früher oder später die Systemfrage – eine hochaktuelle Frage und ich muss mich hierzu gar nicht auf irgendwelche Säulenheiligen des linken Spektrums berufen. Ich berufe mich auf Papst Franziskus, der einmal gesagt hat: »Diese Wirtschaft tötet.« Er meinte unsere kapitalistische Wirtschaftsordnung und unsere Wirtschaftsweise mit ihren Eigentumsstrukturen. Ich halte diese Analyse des Papstes für richtig. Ich selbst beantworte die Frage so, dass wir in der Welt mehr und mehr Systeme des Oligarchen-Kapitalismus haben, also Staaten, in denen eine Minderheit große Vermögen anhäuft und die Politik in zunehmendem Maße prägt. Dieser Oligarchen-Kapitalismus führt notwendigerweise zum Krieg.

Ein Kronzeuge dieser Analyse ist der ehemalige Präsident der USA, Dwight D. Eisenhower, der in seiner

Abschiedsrede am 17. Januar 1961 vor dem Einfluss des militärisch-industriellen Komplexes in den USA warnte: »Wir in den Institutionen der Regierung müssen uns vor unbefugtem Einfluss – beabsichtigt oder unbeabsichtigt – durch den militärisch-industriellen Komplex schützen. Das Potential für die katastrophale Zunahme fehlgeleiteter Kräfte ist vorhanden und wird weiterhin bestehen. Wir dürfen es nie zulassen, dass die Macht dieser Kombination unsere Freiheiten oder unsere demokratischen Prozesse gefährdet.«[2] Mittlerweile beherrscht der militärisch-industrielle Komplex Senat und Kongress in Washington und sorgt dafür, dass sich die USA ständig im Krieg befinden und zum größten Waffenlieferanten der Welt wurden.

Der französische Sozialist und Pazifist Jean Jaurès sagte einmal: »Der Kapitalismus trägt den Krieg in sich wie die Wolke den Regen.« Ich halte diesen Satz nach wie vor für richtig, habe ihn oft zitiert in vielen Reden und er wurde im Grunde genommen nicht widerlegt. Alle Staaten, die von Oligarchen geprägt werden – das gilt im Osten wie im Westen –, führen Kriege. Wir hatten viele völkerrechtswidrige Kriege, das dürfen wir nicht vergessen. Ich halte es für eine Überlebensfrage, dass wir energisch gegen Kriege vorgehen, aber: Wir müssen mit gleichem Maßstab messen! Überall! Sonst werden wir niemals Frieden auf der Welt erreichen.

Wenn ich heute an diese Verbrechen im Krieg in der Ukraine denke, dann empfinde ich Mitleid und Zorn. Aber ich denke eben auch – und auch da empfinde ich Mitleid und Zorn – an den langjährigen Krieg im Jemen. Ich kann mich nur wundern, dass jetzt darüber nachgedacht wird, Energie nicht etwa von Russland zu beziehen – Russland wird Putin überleben und dann immer noch unser Nachbar sein –, sondern dass man jetzt von den Golfstaaten Energie beziehen will, die diesen verbrecherischen Krieg seit Jahren mit Unterstützung der USA führen. Über 300 000 Menschen sind dort bereits ums Leben gekommen, darunter 80 000 Kinder. Die Vereinten Nationen weisen regelmäßig darauf hin, in welch schlimmen Verhältnissen Millionen Menschen im Jemen leben. Wenn ich an diesen Krieg denke, dann frage ich mich: Warum muss das sein, warum lernt die Welt nicht dazu?

Ich bin dafür, dass wir Kriegsverbrecher vor den Internationalen Strafgerichtshof bringen – aber dann bitte alle! Alle, die in der Politik für völkerrechtswidrige Kriege Verantwortung tragen! Sonst werden wir auf dieser Welt keinen Frieden finden. Nur wenn wir mit gleichen moralischen Kriterien an alle diese Fragen herangehen, wenn wir den Grundsatz beherzigen »Was du nicht willst, das man dir tu, das füg' auch keinem anderen zu«, werden wir vielleicht dem Frieden in dieser Welt ein Stück näher kommen.

Eine zweite These, mit der wir in der Schulzeit konfrontiert waren, war die berühmte These: »Si vis pacem para bellum« – »Wenn du den Frieden willst, bereite den Krieg vor«. Ich bin der Auffassung, dass dieser Grundsatz im Atomzeitalter neu überdacht werden muss. Er ist nicht mehr richtig. Russland ist eine Atommacht. Was würde es geändert haben, wenn wir die Bundeswehr schon früher mit Dutzenden Milliarden aufgerüstet hätten, wenn wir doppelt so viele Flugzeuge, doppelt so viele Schiffe und doppelt so viele Panzer sowie gut ausgerüstete Soldaten in Deutschland gehabt hätten. Was hätte es geändert? Nichts! Daher lehne ich die massive Aufrüstung im Zuge des Ukraine-Krieges ab.

Die bittere Wahrheit ist, dass Atommächte glauben, in ihrem Umfeld Einflusszonen zu haben, denken Sie etwa an Mittel- und Südamerika, an Kuba, denken Sie an alle Grenzgebiete von Russland. Atommächte glauben, dass sie in diesen Gebieten bestimmen könnten – und sie haben sogar Gründe dafür, auf die ich gleich noch zu sprechen komme. Wir leben nun mal im Zeitalter der atomaren Drohung. Meine politischen Überlegungen wurden sehr stark von dem Philosophen Günther Anders geprägt, dessen Hauptwerk sich *Die Antiquiertheit des Menschen* nennt.[3] Seine Feststellung, dass die Menschen heute Dinge herstellen, die sie nicht mehr begreifen, von denen sie schlichtweg keine Vorstellung mehr haben, nannte er das »prometheische Gefälle«. Auch ich bin der Auffassung, dass die Menschheit sich nicht vorstellen kann, was ein nukleares Inferno bedeuten würde. Ich bin manchmal fassungslos, wenn ich heute Fernsehen-Diskussionen höre, in denen Teilnehmer der Diskussion ganz nüchtern über Nuklearkriege sprechen, ohne dass ein Wort darüber fällt, was das eigentlich für ein Wahnsinn ist. Ich habe große Sorge, dass sich das in diese Richtung weiterentwickelt und dass wir eines Tages nicht mehr wissen, wie das alles gekommen ist. Denken Sie an die jüngsten Vorschläge, die NATO solle in diesen Krieg eingreifen.

Deswegen möchte ich sehr deutlich unterstreichen, dass es gut ist, dass der Bundeskanzler sagt: »Nein, die NATO wird nicht in diesen Krieg eingreifen.« Er zeigt damit Verantwortung gegenüber den Deutschen, den Europäern, ja gegenüber der ganzen Menschheit, und das ist keineswegs Ausdruck von Feigheit, wie ihm von vielen Seiten attestiert wird.

Wenn es Lösungen gibt, dann bin ich der Meinung, dass man diesen Weg gehen muss. Ich halte Vorschläge, wie sie beispielsweise von dem ehemaligen Bundesinnenminister Otto Schily in einem Aufsatz in der *Welt* vorgetragen wurden, für sehr überzeugend.[4] Schily schlägt vor, dass man der Ukraine eine ähnliche Verfassung gibt wie der Schweiz, auch mit regionalen Autonomie-Vorstellungen, und dass diese Neutralität dann von der internationalen Gemeinschaft militärisch abgesichert wird. Ich sehe keinen anderen Weg, denn am Ende des Krieges muss ein für beide Seiten gesichtswahrender Kompromiss stehen.

Ich möchte einen weiteren Gedanken vortragen, der vielleicht die große Problematik andeuten kann, über die wir heute reden: Es gab in der Friedensbewegung, an der ich sehr intensiv beteiligt war, die Idee der »sozialen Verteidigung«. Die Idee der sozialen Verteidigung hätte zur Folge gehabt, dass die Ukrainer sich nicht militärisch gewehrt hätten, dass sie dann unter den Bedingungen des russischen Oligarchen-Systems gelebt hätten und dass die

Ukraine dann nicht zerstört worden wäre und dass nicht so viele Leben ausgelöscht worden wären. Die Ukraine wäre ein Vasallenstaat Russlands geworden, aber die Ukrainer hätten gegen die Besatzer sozialen Widerstand geleistet. Das wurde in der Friedensbewegung intensiv und ergebnisoffen diskutiert. Sie fragen sich, warum? Weil der Teil der Friedensbewegung, der diese Diskussion geführt hat, das Menschenleben höher gewichtet hat als andere Werte. Ich gebe das nur zu bedenken, ich weiß, dass es ganz andere Philosophien und ganz andere Haltungen dazu gibt.

Ich habe mir die Idee der sozialen Verteidigung nicht zu eigen gemacht, aber ich habe mich durchgerungen zu sagen: Wenn überhaupt Krieg, dann Verteidigungskrieg. Alle anderen Kriege habe ich immer abgelehnt. Das prometheische Gefälle bereitet einem auf jeden Fall Sorgen. Es bereitet einem Sorgen, wenn wir Dinge herstellen, die wir uns nicht mehr vorstellen können, die wir im Grunde genommen auch daher – wie Anders formuliert hat – moralisch gar nicht mehr erfassen.

Mein wichtigstes Thema in der Friedensbewegung waren die Vorwarnzeiten der Raketen. Das ist brandaktuell. Ich habe mich damals gegen eine Stationierung der Pershing 2 in der Bundesrepublik gewandt, weil diese Rakete eine Flugzeit von zehn Minuten hat, was dem Kreml faktisch keine Reaktionszeit mehr gelassen hätte. Die Lehre aus dieser Zeit ist, dass wir in keinem Fall Raketen an der Grenze von Atommächten stationieren sollten, ob in Kuba, auf den Philippinen oder an der russischen Grenze. Das ist viel zu riskant. Zumal bei einer digitalen Steuerung technische Systeme auch irgendwann mal versagen können.

Einer der Helden meiner Zeit, der den meisten gar nicht bekannt ist, ist ein Oberst Petrov. Er saß in der Atom-Steuerzentrale der Sowjetunion und erhielt den Alarm, dass amerikanische Interkontinentalraketen im Anflug seien. Er hatte die Anweisung, bei einem solchen Alarm den Knopf zu drücken, um den Gegenschlag auszulösen. Doch er hat den Knopf nicht gedrückt. Damit hat er die Menschheit vor einem nuklearen Inferno bewahrt.

Was uns die jetzige Situation lehrt: Das Gebaren der Atommächte ist doch so, dass wir sie immer wieder dazu drängen müssen, endlich den Atomwaffensperrvertrag zu realisieren, der sie seit Jahrzehnten zur nuklearen Abrüstung verpflichtet. Sie verstoßen seit Jahrzehnten gegen diesen Vertrag und nehmen sich Sonderrechte in der Welt heraus. Sie formulieren und gestalten ihre Politik aufgrund dieses Vertragsbruchs.

Daraus ergibt sich die Frage: Was können wir in Europa für Konsequenzen daraus ziehen? Wir brauchen unbedingt ein selbständiges Europa. Wir brauchen ein Europa, das seine eigene Politik formuliert und – das sage ich mit Leidenschaft – das sich nicht in die Auseinandersetzung der atomaren Supermächte hineinziehen lässt. Das gilt für die drei derzeitigen Großmächte USA, Russland und China.

Wir dürfen uns nicht hineinziehen lassen! Das war die Grundlage der Politik Charles de Gaulles. Diesen Grundsatz vertritt auch der heutige französische Präsident Macron. Diese Politik hat auch Klaus von Dohnanyi, mit dem ich eine Zeit lang politisch zusammengearbeitet habe, in einem lesenswerten Buch formuliert. Er hatte an vielen Gesprächen teilgenommen, die wir mit Willy Brandt geführt hatten, auch zu der Frage, wie wir einen auf Europa begrenzten Nuklearkrieg vermeiden können. Deshalb plädierte ich noch einmal für einen deutsch-französischen Bund und für ein gemeinsames Verteidigungsbündnis zwischen Deutschland und Frankreich. Ich weise darauf hin, dass Deutschland und Frankreich zusammen eine weitaus größere Wirtschaftskraft und eine größere Bevölkerung als beispielsweise Russland haben. Es will mir nicht in den Kopf, dass Deutschland und Frankreich keine tragfähige Verteidigung aufbauen können, die sich im internationalen Gegeneinander der miteinander rivalisieren Mächte behaupten könnte.

Wie also kommen wir zurück zum Frieden? Ich glaube, dass wir dafür auch auf das europäische Erbe zurückgreifen müssen, auf das Erbe unserer Kultur. Hier im Plenarsaal hängt immer noch ein Kreuz, das Symbol der christlichen Religion. Der Kernsatz dieser Religion, auf die wir uns so oft beziehen, heißt: »Liebe deinen Nächsten wie dich selbst.« Es steht aber in der Bibel noch etwas anderes, was heute dem ein oder anderen überhaupt nicht über die Lippen ginge: »Liebet eure Feinde.«

Die Feindesliebe ist eine solche Provokation, dass sich der Mensch damit zunächst überhaupt nicht vertraut machen kann. Was müsste sich ein Politiker anhören, der heute in einer Talkshow sagen würde: »Wir müssen die

Russen lieben«? Es blutet mir das Herz, dass russische Künstler ausgeladen werden und nicht mehr auftreten können. Das halte ich wirklich für eine unmögliche Vorgehensweise.

In meiner Arbeit als Bürgermeister von Saarbrücken habe ich 1975 gemeinsam mit Hermann Wedekind die Städtepartnerschaft Saarbrücken–Tbilisi, der Hauptstadt Georgiens, gegründet und später auf das Saarland ausgeweitet. Es ging dabei nicht nur um die georgische Kultur, es ging auch um unsere Beziehungen zur Sowjetunion. Es ging darum, durch Städtepartnerschaften der Länder einen Beitrag zum Frieden zu leisten. Kürzlich machte einer den Vorschlag, die Städtepartnerschaften mit Russland jetzt zu beenden. Welch eine Torheit! Das Gegenteil sollten wir tun: mehr Jugendaustausch, mehr sportlichen Austausch, mehr kulturellen Austausch, mehr Städtepartnerschaften. Denn eines wird zwar in den Medien kaum thematisiert, liegt doch aber auf der Hand: Russland wird Putin überleben! In meinen Augen ist Moskau eine europäische Stadt, Russland ein europäisches Land. Ohne die russische Kultur kann ich mir die Entwicklung der europäischen Kultur nicht vorstellen. Was wäre beispielsweise die europäische Literatur ohne Dostojewski und Tolstoi?

Nun denke ich in diesen Tagen oft an zwei Menschen, die mich geprägt haben. Zunächst an meinen politischen Ziehvater Willy Brandt, der nicht nur gesagt hat: »Von deutschem Boden soll niemals wieder Krieg ausgehen, das sei die Lehre unserer Geschichte.« Er hat in seiner berühmten Nobelpreisrede auch festgestellt: »Krieg ist die

Ultima Irratio.« Und er hat auch zusammen mit seinem Freund Egon Bahr immer wieder die Deutschen gemahnt: »Frieden ist nicht alles, aber ohne Frieden ist alles nichts.« Daran denke ich, wenn ich die schrecklichen Bilder in der Ukraine sehe. Ich denke aber auch – und ich hatte das Glück, ihn kennenzulernen – an Michael Gorbatschow. Ich bin kein »Putin-Versteher«, das habe ich vorhin mit dem Oligarchen-Kapitalismus versucht zu begründen. Aber ich bin ein Gorbatschow-Versteher oder anders gesagt: Ich hege eine große Sympathie für diesen Mann. Was ist wohl in seinem Kopf vorgegangen, nachdem sein Traum vom europäischen Haus so brutal zerstört worden ist?

Wir Deutschen haben Gorbatschow viel zu verdanken, denn es ist so, dass heute die Welt beziehungsweise die Weltpolitik immer noch von der Sprache der Macht beherrscht wird. Wenn Gorbatschow die Truppe nicht zurückgezogen hätte aus der ehemaligen DDR, dann hätten wir noch so viel reden und erzählen können: Er war der Chef einer Atommacht. Wir, die Deutschen, haben Gorbatschow viel zu verdanken und deshalb dürfen wir nicht alle Russen zu Feinden erklären. Wir müssen darauf hinarbeiten, dass wir wieder zu einem friedlichen Miteinander mit Russland, mit den Menschen dort kommen. Mir tun nicht nur Ukrainer leid, die jetzt unter dem Bombenhagel zu Tode kommen oder verletzt werden. Mir tun auch die jungen Russen leid, die in einen Krieg geschickt werden, den sie gar nicht wollten, die ebenfalls ums Leben kommen und gar nicht wissen, wofür sie ihr Leben opfern.

Wir sind uns hoffentlich alle einig, dass jetzt alles getan werden muss, dass die Waffen schweigen. Jeder Schritt, der zu einem Waffenstillstand führt, ist ein Schritt in Richtung Frieden und somit wichtiger als alles andere, was derzeit gesagt und geredet wird. Der Waffenstillstand, der Frieden, hat höchste Priorität. Jeder sollte versuchen, dazu seinen Beitrag zu leisten.

Anmerkungen

Kein Nuklearkrieg in Europa! Wir müssen uns aus der Vormundschaft der USA befreien

1 Deutscher Bundestag: »Rede von Daniil Granin«, 27.01.2014, online unter: https://www.bundestag.de/parlament/geschichte/gast redner/rede_granin-261326

2 Bei dem Text handelt es sich um eine erweiterte Version einer Rede, die Oskar Lafontaine am 17. September 2022 im Rahmen des 34. Pleisweiler Gesprächs der NachDenkSeiten hielt. Das Thema lautete: »Ende der Entspannungspolitik? Wer Frieden will, muss sich von den USA befreien«, online einzusehen unter: https://www.nachdenkseiten.de/?p=88304

3 O. A.: »Die Sanktionsspirale der USA gegen Nord Stream 2«, in: Atlantik-Brücke, 02.11.2020, online unter: https://www.atlantik-bruecke.org/die-sanktionsspirale-der-usa-gegen-nord-stream-2/

4 Auswärtiges Amt: »Außenminister Gabriel und der österreichische Bundeskanzler Kern zu den Russland-Sanktionen durch den US-Senat«, 15.06.2017, online unter: https://www.auswaertiges-amt.de/de/newsroom/170615-kern-russland/290664

5 George Kennan: »A Fateful Error«, in: *New York Times*, 05.02.1997, online unter: https://www.nytimes.com/1997/02/05/opinion/a-fateful-error.html

6 O. A.: »Excerpts From Pentagon's Plan: ,Prevent the Re-Emergence of a New Rival«, in: New York Times, 08.03.1992, online unter: https://www.nytimes.com/1992/03/08/world/excerpts-from-pentagon-s-plan-prevent-the-re-emergence-of-a-new-rival.html

7 Majid Sattar: »Amerika will Russland über den Krieg hinaus schwächen«, in: FAZ, 27.04.2022, online unter: www.faz.net/ak

tuell/politik/ausland/ukraine-krieg-usa-wollen-russland-dauer-haft-schwaechen-17987927.html

8 Christa Wolf: *Kassandra*, Suhrkamp, 2008.

9 Annalena Baerbock im Interview mit Johannes Leithäuser: »Unsere Waffen helfen, Menschenleben zu retten«, in: FAZ, 14.09.2022, online unter: www.faz.net/aktuell/politik/ausland/annalena-baerbock-im-interview-zu-kampfpanzern-fuer-die-ukraine-18316223.html

10 Bundesregierung: »Mitschrift der Pressekonferenz von Bundeskanzler Scholz und dem Präsidenten der Vereinigten Staaten von Amerika Biden am 7. Februar 2022 in Washington«, 07.02.2022, online unter: https://www.bundesregierung.de/breg-de/suche/pressekonferenz-von-bundeskanzler-scholz-und-dem-praesidenten-der-vereinigten-staaten-von-amerika-biden-am-7-februar-2022-in-washington-2003648

11 O. A.: »Hinweise des Tages – Der unverziehene Strang nach Osten«, in: NachDenkSeiten, 14.10.2022, online unter: https://www.nachdenkseiten.de/?p=89195#h05

12 Cyrus Salimi-Asl: »Notfalls auch mit Gewalt. Ehemalige Außenministerin Albright stand für Machtpolitik«, in: nd aktuell, 24.03.2022, online unter: www.nd-aktuell.de/artikel/1162459.madeleine-albright-nachruf-notfalls-auch-mit-gewalt.html

13 Klaus von Dohnanyi: *Nationale Interessen. Orientierung für deutsche und europäische Politik in Zeiten globaler Umbrüche.* Siedler Verlag, München, 2022.

14 Burkhard Ewert: »Verflechtungen mit der Rüstungsindustrie? Lobbycontrol kritisiert Strack-Zimmermann«, in: Neue Osnabrücker Zeitung, 08.05.2022, online unter: www.noz.de/deutschland-welt/politik/artikel/nah-an-ruestungsbranche-lobbycontrol-kritisiert-strack-zimmermann-40051162

15 Martin Schmidt: »16 Marder-Panzer ›auslieferfähig‹«, in: tagesschau, 13.09.2022, online unter: www.tagesschau.de/inland/rheinmetall-marder-101.html

16 Jacques Schuster: »Die Gemütslage in Deutschland erinnert an den August 1914«, in: WELT, 19.05.2022, online unter: https://www.welt.de/debatte/kommentare/plus238834093/Debatte-um-den-Ukraine-Krieg-Gemuetslage-in-Deutschland-erinnert-an-den-August-1914.html

17 https://www.youtube.com/watch?v=QeLu_yyz3tc

18 Sara Sievert: »Habeck war stolz auf Katar-Deal. Jetzt steht er vor den Scherben seiner Gas-Reise«, in: Focus Online, 05.08.2022, online unter: www.focus.de/politik/energieversorgung-habeck-gesteht-kein-gas-aus-katar-was-das-nun-bedeutet_id_128771665.html

19 O. A.: »Jimmy Carter rechnet mit Donald Trump ab«, in: Spiegel, 13.09.2017, online unter: www.spiegel.de/politik/ausland/jimmy-carter-kritisiert-donald-trump-und-dessen-nordkorea-politik-a-1167440.html

20 Benjamin Norton: »US launched 251 military interventions since 1991, and 469 since 1798«, in: Multipolarista, 13.09.2022, online unter: www.multipolarista.com/2022/09/13/us-251-military-interventions-1991/

21 n-tv: »Prahlender Trump warnt vor Drittem Weltkrieg«, 10.10.2022, online unter: https://www.n-tv.de/mediathek/videos/politik/Prahlender-Trump-warnt-vor-Drittem-Weltkrieg-article23640334.html

22 John F. Kennedy: »Commencement Adress at American University, Washington D. C.«, 10.06.1963, online unter: https://www.jfklibrary.org/archives/other-resources/john-f-kennedy-speeches/american-university-19630610

Gedanken zum Krieg

1 Der Text basiert auf der letzten Rede Oskar Lafontaines vor dem saarländischen Landtag am 16. März 2022, online einzusehen unter: https://www.youtube.com/watch?v=J3ldigdj9y4

2 Frida Berrigan: »Der Militär-Industrie-Komplex. Wie man Firmenverbindungen untersucht«, in: War Resisters International, 01.09.2005, online unter: https://wri-irg.org/en/story/2005/military-industrial-complex-how-research-corporate-connections?language=de

3 Günther Anders: *Die Antiquiertheit des Menschen Bd. 1. Über die Seele im Zeitalter der zweiten industriellen Revolution*, C. H. Beck, 2002.

4 Otto Schily: »Die Lösung ist das Modell Schweiz«, in: *WELT*, 10.03.2022, online unter: https://www.welt.de/debatte/kommentare/plus237433887/Otto-Schily-zum-Ukraine-Russland-Krieg-Die-Loesung-ist-das-Modell-Schweiz.html

ULRIKE GUÉROT
HAUKE RITZ

ENDSPIEL
EUROPA WARUM
DAS
POLITISCHE PROJEKT EUROPA
GESCHEITERT IST –
UND WIE WIR WIEDER DAVON
TRÄUMEN KÖNNEN

208 Seiten
ISBN 978-3-86489-390-2
Auch als E-Book erhältlich

Wie wir Europa retten können

Europa ist mit einem grausamen Krieg an seiner Grenze
konfrontiert und steht dreißig Jahre nach Wiedervereinigung
und Maastrichter Vertrag am Scheideweg. Ulrike Guérot
und Hauke Ritz beleuchten in ihrem Essay »Endspiel
Europa« die Entwicklung der Europäischen Union seit 1992
und besinnen sich auf die ursprünglichen europäischen
Werte und Ziele: ein souveränes Europa und eine
kontinentale Friedensordnung. Die Entwicklungen, die
dem Ukraine-Krieg vorangingen, beleuchten sie genau
und bringen bisher weitgehend Unbekanntes ans Licht.
Ulrike Guérot und Hauke Ritz fordern ein Umdenken hin
zu einem eigenständigen Europa, das gegenüber Amerika
und Russland als gleichwertiger Partner auftritt.